ANALIZA KSIĄŻKI

Miłość w czasach cholery

GABRIEL GARCIA MARQUEZ

ANALIZA KSIĄŻKI

Napisany przez Natalia Torres Behar
Przetłumaczony przez Kâmil Kowalski

Miłość w czasach cholery

GABRIEL GARCIA MARQUEZ

GABRIEL GARCÍA MÁRQUEZ

KOLUMBIJSKI POWIEŚCIOPISARZ I DZIENNIKARZ

- **Urodził się w 1927 roku w Aracataca (Kolumbia).**
- **Zmarł w mieście Meksyk w 2014 roku.**
- **Nagrody literackie:**
  - Nagroda im. Rómulo Gallegosa, 1972 (za *Sto lat samotności*)
  - Nagroda Nobla w dziedzinie literatury, 1982
- **Godne uwagi wyróżnienia:**
  - Doktorat honoris causa Uniwersytetu Columbia
- **Godne uwagi prace:**
  - *Sto lat samotności* (1967), powieść
  - *Kronika zapowiedzianej śmierci* (1981), nowela
  - *Strange Pilgrims* (1992), zbiór opowiadań
  - *News of a Kidnapping* (1996), reportaż

Gabriel García Márquez urodził się w 1927 roku w Aracataca, małym miasteczku w departamencie Magdalena w Kolumbii. Jego ojcem był Gabriel Eligio García, telegrafista i konserwator, a matką Luisa Márquez, córka pułkownika. W pierwszych latach małżeństwa rodzice przyszłego pisarza przenieśli się do Barranquilli, pozostawiając niemowlę García Márquez pod opieką dziadków ze strony matki.

Uczęszczał do wielu różnych szkół w całym kraju, a szkołę średnią ukończył w 1947 roku. Przeniósł się do Bogoty, aby studiować prawo na Narodowym Uniwersytecie Kolumbii. Jeszcze w czasie studiów opublikował swoje pierwsze opowiadanie *La tercera resignación* ("Trzecia *rezygnacja*") w gazecie *El Espectador*. Jednak już w następnym roku, po zamieszkach społecznych znanych jako "Bogotazo" w 1948 roku, został zmuszony do powrotu na wybrzeże karaibskie. Początkowo podporządkował się woli ojca i kontynuował naukę na Uniwersytecie w Cartagenie, ale dwa lata później, w 1950 roku, porzucił studia i przeniósł się do Barranquilli, aby zostać dziennikarzem. Tam poznał innych członków tzw. Grupy Barranquilla, grupy intelektualistów, którzy dali Garcíi Márquezowi ostateczny impuls do rozpoczęcia pisania literatury pięknej.

Od tego momentu García Márquez zaczął często podróżować i mieszkał w wielu miastach na całym świecie, w tym w Cartagenie, Paryżu i Mexico City, gdzie mieszkał przez większość swojego życia. W 1967 roku publikacja powieści *Sto lat samotności przyniosła* mu światową sławę i umocniła status autora bestsellerów, ponieważ książka została przetłumaczona na ponad 35 języków. Oprócz sukcesu komercyjnego, kolumbijski autor stał się postrzegany jako jeden z najważniejszych głosów w literaturze XX wieku, zarówno w Ameryce Łacińskiej, jak i na świecie. Zmarł w kwietniu 2014 roku w Mexico City.

👁 WIEDZIAŁEŚ?

Pułkownik Márquez, dziadek pisarza, był zdecydowanie przeciwny temu, by jego córka wyszła za mąż za Gabriela Eligio Garcíę i ustąpił dopiero wtedy, gdy Eligio García spędził lata na zalotach do niej, podczas których nieustannie pisał do niej listy i często śpiewał jej serenady. Historia ta była ogromnym źródłem inspiracji zarówno dla *Miłości w czasach cholery,* jak i wielu innych opowiadań pisarza.

MIŁOŚĆ W CZASACH CHOLERY

NIEPOKONANA SIŁA MIŁOŚCI

- **Gatunek:** powieść

- **Wydanie referencyjne:** García Márquez, G. (1998) *Miłość w czasach cholery*. Trans. Grossman, E. Delhi: Penguin.

- Pierwsze **wydanie:** 1985

- **Tematyka:** miłość jako choroba, miłość dworska, motywy romantyczne, kiszotyzm

Miłość w czasach cholery to powieść kolumbijskiego pisarza Gabriela Garcíi Márqueza. Została wydana po raz pierwszy w 1985 roku, co czyni ją jednym z późniejszych dzieł autora i została napisana w czasie, gdy oddalał się on od realizmu magicznego, z którym jego twórczość była ściśle kojarzona, gdy zdobywał światową sławę. W przeciwieństwie do tego, powieść ta jest głęboką refleksją na temat miłości i relacji międzyludzkich. Przez całą narrację najgłębsze emocje i doświadczenia bohaterów przeplatają się z codziennymi realiami miłosnych związków, ale powieść jest także eksploracją wielu sposobów, w jaki miłość była typowo przedstawiana w różnych nurtach literatury zachodniej na przestrzeni wieków, w tym w romantyzmie i literaturze średniowiecznej.

Powieść opisuje życie Florentino Arizy i Ferminy Dazy, a jej akcja rozgrywa się w Cartagenie w Kolumbii na początku XX wieku. Ta sceneria pozwala Garcíi Márquezowi na włączenie wielu innych tematów, które dominują w całej reszcie jego twórczości, takich jak kolumbijska historia, wojna, polityka i sama literatura. *Miłość w czasach cholery* to wyjątkowa powieść nie tylko ze względu na jej wartość estetyczną, ale także ze względu na sposób, w jaki oddaje hołd innym autorom i ruchom, które ukształtowały historię literatury zachodniej.

STRESZCZENIE

Powieść skupia się na skomplikowanej relacji między postaciami Florentino i Ferminy, którą dla optymalnej przejrzystości podzieliliśmy na dwie części: ich młodość, której koniec wyznacza małżeństwo Ferminy, oraz ich późniejsze lata, które rozpoczynają się po jej ślubie. Ta chronologiczna oś czasu nie odzwierciedla jednak struktury książki, która opowiada historię w sposób cykliczny, na przemian w przeszłości, teraźniejszości i przyszłości.

DZIECIŃSTWO

Głównymi bohaterami powieści są Florentino Ariza i Fermina Daza, którzy poznają się w młodości. Oboje pochodzą z karaibskiego wybrzeża Kolumbii i osiedlili się w mieście Cartagena. Po śmierci ojca Florentino zmuszony jest zacząć zarabiać na własne utrzymanie i zatrudnia się jako asystent Lotario Thuguta, telegrafisty.

Pewnego dnia Thugut wysyła Florentino do domu Lorenza Dazy, owdowiałego biznesmena z mroczną przeszłością, pochodzącego z bagien regionu Magdalena. Mieszka on z córką Ferminą i siostrą Escolásticą, starszą panną, która poświęca swoje życie na opiekę nad siostrzenicą. Podczas pobytu w domu Dazy młody Florentino po raz pierwszy spotyka Ferminę. Ten moment decyduje o przebiegu reszty jego życia, gdyż natychmiast zakochuje się w niej bez pamięci.

Po kilku niepewnych, nieudanych próbach Florentino udaje się w końcu dostarczyć list do młodego obiektu swoich uczuć, co pozwala na rozkwit czystych zalotów między nimi za pomocą listów, prezentów i obietnic typowych dla dworskiej miłości.

Ojciec Ferminy dowiaduje się w końcu o ich sekretnym związku i w przypływie gniewu wysyła swoją siostrę, ponieważ uważa ją za bezpośrednio odpowiedzialną za związek młodych kochanków. On również whisks swoją córkę na wycieczkę do Valledupar, a później podróżuje jeszcze dalej do Riohacha w próbie rozdzielenia jej i Florentino i przynieść ją do rozsądku. Podczas tej podróży Fermina poznaje rodzinę matki i nawiązuje silną, trwającą całe życie przyjaźń z kuzynką, Hildebrandą Sánchez. Utrzymuje również kontakt z Florentino, pozwalając, by ich związek był karmiony wierszami i obietnicą, że pewnego dnia się pobiorą, pomimo dzielącej ich odległości.

Fermina wraca po latach do Cartageny po długiej podróży morskiej. Kiedy jednak podczas spaceru po targu spotyka się z ukochanym, wszystkie te lata oczekiwania kończą się rozczarowaniem. Fermina zdaje sobie sprawę, że obraz Florentina, który budowała przez lata, nie opierał się na niczym więcej niż na młodzieńczej namiętności, kwiecistej poezji i obietnicach miłości. Po kilkudniowym zakłopotaniu postanawia zakończyć ich epistolarne zaloty, mówiąc mu, że "kiedy cię zobaczyłam, zrozumiałam, że to, co jest między nami, to tylko złudzenie" (s. 102).

Tymczasem Juvenal Urbino de la Calle, najstarszy syn jednej z najbardziej wpływowych rodzin w Cartagenie, po ukończeniu studiów medycznych w Paryżu, wraca statkiem do miasta i natychmiast zaczyna być postrzegany jako jedna z najważniejszych postaci w mieście. Pewnego dnia, na prośbę Wawrzyńca, zjawia się w domu Daza, by poddać Ferminę badaniom. Podobnie jak Florentino wiele lat temu, od razu uderza go uroda i siła charakteru Ferminy. Szybko zaczyna mieć na jej punkcie obsesję i jest zdecydowany ją poślubić.

Za zgodą Wawrzyńca Juvenal zaczyna się do niej zalecać. Jednak w przeciwieństwie do Florentyna jego zaloty są zawsze racjonalne, dojrzałe i zakorzenione w światowych postanowieniach, podczas gdy Florentyn dał się ponieść niekończącej się retoryce i wzniosłej platonicznej sentymentalności. Choć Fermina początkowo nie jest zachwycona, ostatecznie przyjmuje jego propozycję małżeństwa, a ich zaślubiny oznaczają koniec jej dzieciństwa.

Na wieść o zaręczynach ukochanej z innym, Florentino popada w głęboką depresję. Martwi to jego matkę Tránsito, która postanawia poprosić o pomoc wuja chłopca, Leona XII Loayza. Od śmierci brata Leo jest prezesem Spółki Rzecznej na Karaibach i lituje się nad chłopcem, załatwiając mu pracę w biurze telegraficznym w Villa de Leyva, mieście położonym w głębi Kolumbii, oddalonym od Cartageny o 50 dni drogi, w nadziei, że będzie to dla niego wystarczające odwrócenie uwagi i pozwoli mu zapomnieć o złamanym sercu.

Florentino opuszcza Cartagenę na statku, przeklinając przez cały czas swoje szczęście. Podczas podróży zaczyna rozumieć siebie, swoje uczucia i nerwice, życzy śmierci Juvenalowi, Ferminie i sobie samemu jako kary za spowodowanie tylu nieszczęść. Pewnej nocy tajemnicza kobieta wkrada się do jego kwatery i zapoznaje go z rozkoszami seksu, których używa jak balsamu przez resztę życia, aby ukoić ból serca. W połowie podróży postanawia wrócić do Cartageny, zbić majątek i zbudować wspaniałą reputację, by pewnego dnia zdobyć serce Ferminy.

PÓŹNIEJSZE LATA

Fermina i Juvenal szybko stają się jedną z najpopularniejszych par w Cartagenie ze względu na swoją wysoką pozycję społeczną i mecenat nad sztuką. Postępowy duch Juvenala sprawia, że staje się on kluczową postacią w rozwoju miasta, nawet z dala od oczu opinii publicznej. Fermina pozostaje u jego boku i z czasem staje się kobietą, o której ojciec zawsze marzył: wzorem do naśladowania dla wszystkich innych kobiet z kolumbijskiej arystokracji, pomimo jej skromnego pochodzenia.

Para jest w długotrwałym, stabilnym związku i ma razem dwoje dzieci: Marco Aurelio i Ofelię. Ich wspólne życie jest spokojne, zakłócają je jedynie typowe dla każdego małżeństwa kłótnie oraz romans, który Juvenal nawiązuje z Barbarą Lynch, jedną ze swoich pacjentek. Ich małżeństwo kończy się ostatecznie w pewną niedzielę Zielonych Świąt, kiedy to Juvenal spada z drabiny podczas próby złapania papugi i umiera.

Tymczasem Florentino poświęca cały swój czas i energię, by piąć się po szczeblach kariery w firmie wuja, w czym pomaga mu Leona Cassiani, z którą nawiązuje niezwykły romans, który nigdy nie zostaje skonsumowany. Po śmierci wuja zostaje prezesem firmy, ale jego dumę z prestiżu, jaki przyniosły mu lata ciężkiej pracy, stale tłumi ból złamanego serca, spotęgowany przez śmierć matki, jedynej kobiety, która znała głębię jego cierpienia i która dawała mu swoje bezwarunkowe wsparcie. Te dwa smutki sprawiają, że Florentino szuka pocieszenia w ramionach wielu kochanek w różnym wieku, z różnych klas społecznych i ras, które spotyka w ciągu swojego długiego życia, a których w końcu jest ponad 600.

Kiedy Florentino dowiaduje się, że Juvenal zmarł, postanawia, że to znak, na który czekał całe życie, i że powinien ponownie spróbować zdobyć Ferminę. Wykorzystując całą mądrość i cierpliwość, jaką zdobył przez lata, udaje mu się nawiązać bliską przyjaźń z wdową i zapewnić jej wsparcie, którego potrzebuje, by otrząsnąć się z żalu i zakłopotania po śmierci męża. W końcu oboje – teraz już jako starszy mężczyzna i kobieta, którzy są w sobie głęboko zakochani – postanawiają wyruszyć w podróż wzdłuż rzeki jedną z łodzi należących do firmy Florentino.

Podczas podróży para odkrywa na nowo i konsumuje swoją miłość, która sprawia, że oboje czują się znowu młodzi. Kiedy docierają do miejsca przeznaczenia, Florentino przekonuje kapitana do podniesienia flagi dżumy, która sygnalizuje obecność cholery na pokładzie łodzi, tak aby nie musieli brać na pokład żadnego ładunku ani dodatkowych pasażerów, aby móc odbyć podróż powrotną w tym samym składzie, jako rodzaj przedłużonego miesiąca miodowego. Kapitan konfrontuje Florentino, gdy docierają do portu w Cartagenie, ponieważ nie wie, jak poradzić sobie z konsekwencjami ich kłamstwa. Florentino odpowiada po prostu, że odbędą podróż jeszcze raz, przedłużając miesiąc miodowy po raz kolejny i pozwalając miłości między nim i Ferminą oraz kapitanem i jego kochanką rozkwitnąć w tym miejscu absolutnej wolności, którą dla siebie stworzyli. W końcu miesiąc miodowy trwa aż do ich śmierci.

STUDIUM POSTACI

FLORENTINO ARIZA

Florentino jest jednym z głównych bohaterów *Miłości w czasach cholery*, a historia rozwija się na przestrzeni pół wieku jego życia. W związku z tym postać Florentina ulega ciągłym zmianom pod względem fizycznym, psychicznym i emocjonalnym w trakcie trwania opowieści, ale zawsze kieruje nim niezłomna gwiazda północna: jego żarliwa miłość do Ferminy Daza.

Florentino to nieślubne dziecko, które było produktem pozamałżeńskiego związku Piusa V Loayza i Tránsito Ariza. Jego ojciec nigdy formalnie nie uznał go za syna, choć zapewniał mu wsparcie finansowe. Jest nieśmiały i ma ponure usposobienie, nosi garnitury, które sprawiają, że wygląda jakby wyszedł z poprzedniego wieku. Wygląd Florentino wzbudza raczej litość niż pożądanie, co wykorzystuje przez całe życie, wchodząc w cudzołożne związki z wieloma kobietami. Choć nie jest przystojny, przywiązuje dużą wagę do swojego wyglądu, nosi wodę kolońską i zawsze stara się wyglądać godnie według własnych standardów. Jego celem jest ucieczka przed zniszczeniem przez czas, tak aby wyglądał jak najlepiej, gdy nadejdzie czas połączenia z kobietą, którą kocha. Jego staromodne okulary, surdut i niemodny kapelusz, który nosi, by ukryć fakt, że przedwcześnie wyłysiał, sprawiają, że jest natychmiast rozpoznawalny. Biorąc pod uwagę, że ma przy sobie również czarny parasol, efekt jest wręcz trupi.

W bardzo młodym wieku staje się zapalonym czytelnikiem i pisarzem. Jednak mimo wielkiej miłości do poezji, Florentino nigdy nie uczy się odróżniać tego, co dobrze napisane od tego, co przeciętne, i bezkrytycznie pochłania oba rodzaje wierszy. Kiedy pogrąża się w rozterkach sercowych, znajduje rodzaj katharsis w pisaniu wierszy, które stają się sposobem wyrażania jego miłości: poprzez retorykę, słowa, symbole i idee, a nie działania. Cecha ta jest szczególnie wyraźna w młodości, ale z wiekiem słabnie. Przez całe życie jest chorowity, a objawy złamanego serca często mylone są z objawami cholery.

FERMINA DAZA

Historia *Miłości w czasach cholery* koncentruje się na postaci Ferminy Daza, gdyż życie innych bohaterów obraca się wokół jej decyzji i pragnień. Jej ojciec jest bogatym biznesmenem z bagien regionu Magdalena, który dorobił się majątku w sposób nielegalny, a matka zmarła, gdy była bardzo młoda, pozostawiając ją na wychowanie przez ojcowską ciotkę, Escolásticę Daza.

Większość opisów wyglądu fizycznego Ferminy znajduje się w tych częściach książki, w których jest ona jeszcze młodą kobietą i pochodzi z punktu widzenia Florentino, który widzi w niej kobietę idealną i miłość swojego życia. Fermina jest konwencjonalnie atrakcyjna, emanuje elegancją i autorytetem, co pozwala jej szybko stać się kobietą, do której dążą wszystkie inne kobiety z jej kręgu społecznego. Jednak w jej charakterystyce znacznie większą rolę odgrywa osobowość niż wygląd fizyczny.

Fermina ma tak wielką dumę i siłę woli, że każdy, kto się z nią spiera, jest zmuszony przyznać się do porażki. Jest to szczególnie widoczne w jej relacjach z mężem, Juvenalem Urbino, ponieważ Fermina zazwyczaj wygrywa ich częste kłótnie. Często określa się ją mianem buntowniczki z powodu jej determinacji, by móc swobodnie decydować o swoim losie, ale ta determinacja łączy się z wielką mądrością, która jest owocem jej dojrzałości i racjonalnego umysłu. Dzięki tym cechom najbliżsi postrzegają ją jako kogoś, na kim można polegać. Jest jednak również osobą ułomną, która nie potrafi poradzić sobie z poczuciem winy i ma zwyczaj ukrywania swoich lęków i problemów poprzez niekontrolowane napady złości.

JUVENAL URBINO DE LA CALLE

Juvenal jest mężem Ferminy i jest jednym z najważniejszych, szanowanych mężczyzn w Cartagenie. Jest najstarszym dzieckiem w rodzinie kolumbijskich arystokratów, a po ukończeniu szkoły średniej został wysłany do Europy, aby studiować medycynę, gdyż taka jest tradycja, którą od lat kontynuują pierworodni synowie rodziny Urbino. Jego ojciec umiera podczas podróży na Karaiby, by leczyć epidemię cholery.

Juvenal to konwencjonalnie przystojny mężczyzna o szacownym, eleganckim wyglądzie, w młodości postrzegany jako najbardziej pożądany kawaler w regionie. Podobnie jak jego żona, staje się jednym z wzorców kartagińskiego społeczeństwa i jest znany zarówno ze swoich umiejętności medycznych, które zawdzięcza najnowocześniejszym metodom, których nauczył się we Francji, jak i z postępowych poglądów.

Juvenal podejmuje wiele projektów mających na celu poprawę i ożywienie miasta, m.in. nadzoruje budowę akweduktu i sponsoruje coroczny Festiwal Poetycki. Jest również gorliwym chrześcijaninem, który przestrzega surowych zasad moralnych, z jedynym wyjątkiem, jakim jest jego krótki związek z Barbarą Lynch. Nie lubi zwierząt i, jak na ironię, jego śmierć jest pośrednio spowodowana przez jego jedyne zwierzę domowe, papugę.

TRÁNSITO ARIZA

Tránsito jest matką Florentino. Jest niezamężna i prowadzi mały sklep z artykułami toaletowymi na ulicy Okna. Jej biznes jest przykrywką dla lombardu, gdzie zhańbieni arystokraci przychodzą sprzedać swoją biżuterię, aby sfinansować swój ekstrawagancki styl życia. Spędza życie na opiece nad synem, a kiedy odkrywa, że ten się zakochał, wkłada cały swój wysiłek w pomoc mu w zalotach do Ferminy i wykorzystuje własne oszczędności, by kupić dla nich dom.

Z czasem pamięć Tránsito zaczyna ją zawodzić, podobnie jak jej rozum, aż pewnego dnia zaczyna myśleć, że jest Małą Roachie Martínez, postacią z bajki dla dzieci. Umiera nagle na atak serca.

LORENZO DAZA

Lorenzo jest biznesmenem, który dorobił się majątku na handlu kontrabandą i innych podejrzanych interesach. Po śmierci żony jego celem życiowym jest uczynienie z córki Ferminy ważnej damy z wyższej półki i z powodzeniem aranżuje jej małżeństwo z Juvenalem Urbino. W końcu ucieka z powrotem do rodzinnego miasta, gdy jego nielegalne działania stają się znane, ale jego zięć Juvenal pociąga za sznurki, by załagodzić sytuację.

ESCOLÁSTICA DAZA

Siostra Wawrzyńca, Escolástica, jest niezwykle pobożną panną, której życie poświęcone jest opiece nad siostrzenicą, dla której pełni rolę mentorki, zastępczej matki i powierniczki. Escolástica ułatwia też Ferminie przelotny romans z Florentino, przenosząc między nimi listy. Kiedy jednak jej brat orientuje się w jej poczynaniach, wyrzuca ją z domu i więcej o niej nie słyszy.

HILDEBRANDA SÁNCHEZ

Hildebranda jest kuzynką Ferminy. Dwie młode dziewczyny spotykają się po raz pierwszy, gdy Fermina odwiedza miasto Valledupar, i natychmiast stają się bliskimi przyjaciółkami. Ta przyjaźń pozostaje trwała przez całe ich życie, nawet jeśli większość przyjaźni Ferminy stopniowo się rozpada. Hildebranda zapewnia Ferminie bezwarunkowe wsparcie przez całą historię i pomaga kuzynce w jej najciemniejszych godzinach. Wychodzi za mąż za żołnierza i mają razem kilkoro dzieci.

LEON XII LOAYZA

Leo jest ojcowskim wujkiem Florentino, po śmierci brata zostaje prezesem Kompanii Rzecznej na Karaibach. Stanowisko to zachowuje przez większość swojego życia. Leo jest jedną z osób, które pomagają Florentino wspinać się po drabinie społecznej i ekonomicznej, a on nazywa go jako nowego prezesa firmy rodzinnej, gdy dowiaduje się, że nie ma dużo dłużej żyć. Umiera na ranczu na obrzeżach miasta z bratankiem u boku.

LEONA CASSIANI

Leona jest kobietą mieszanej rasy, która pewnego dnia spotyka Florentino w tramwaju. Mimo, że początkowo planuje dodać ją do swojej długiej listy podbojów, nigdy nie skonsumują swojego związku, a Leona kończy się pytaniem Florentino, czy może załatwić jej pracę w River Company of the Caribbean. Leona stopniowo awansuje w szeregach firmy, zdobywając szacunek Leona XII, który w tym momencie jest jeszcze prezesem firmy. Podobnie jak Tránsito Ariza przed nią, definiującym celem życia Leony staje się jej determinacja, by pomóc Florentino, a ona sama staje się dla niego czymś w rodzaju zastępczej matki. Jest też jedną z osób odpowiedzialnych za pomoc w zdobyciu przez niego szczytu w Kompanii Rzecznej na Karaibach.

AMÉRICA VICUÑA

América jest młodą podopieczną Florentino, która poznaje go, gdy jest jeszcze uczennicą szkoły średniej, a on starszym mężczyzną. Jest ostatnią kochanką Florentino przed jego ponownym spotkaniem z ukochaną Ferminą, a América popełnia samobójstwo, gdy dowiaduje się o ich związku.

BARBARA LYNCH

Barbara jest jedną z pacjentek Juvenala, z którą przez około cztery miesiące łączy go cudzołożny związek. Jest to jedyny raz, kiedy Juvenal wykracza poza ścisłe zasady moralne, których przestrzega, i prowadzi do najgorszego konfliktu między Juvenalem a Ferminą w ciągu wszystkich ich wspólnych lat.

ANALIZA

FORMULARZ

Gatunek i styl

Przy omawianiu któregoś z utworów Garcíi Márqueza pytanie, czy daną książkę można zaliczyć do realizmu magicznego, nigdy nie schodzi z ust nikogo, gdyż kolumbijski pisarz był silnie związany z tym ruchem. Należy jednak podkreślić fakt, że nie wszystkie jego dzieła należą do tego gatunku.

 MAGICZNY REALIZM

Chociaż realizm magiczny był pierwotnie pomyślany jako forma narracji specyficzna dla literatury latynoamerykańskiej i jako środek wyrazu, który opierał się na latynoamerykańskich punktach odniesienia, a nie na europejskich ramach kulturowych, to w końcu przyniósł odwrotny skutek i stał się bardzo popularnym produktem kulturowym w świecie zachodnim. Jedną z cech charakterystycznych tego ruchu jest sposób, w jaki przedstawia on w nierealistyczny sposób rzeczywiste sytuacje, które mogą być politycznie lub logicznie skomplikowane lub niezwykle brutalne.

Najwcześniejsze utwory Garcíi Márqueza, czerpiące wiele inspiracji z twórczości Williama Faulknera (pisarz amerykański, 1897-1962), których kulminacją było wydanie Stu *lat samotności w* 1967 roku, są najbardziej typowe dla tego gatunku: na przykład scena w *Stu latach samotności,* w której Remedios Piękny wstępuje do nieba, symbolizując swoją śmierć, jest klasycznym przykładem konwencji realizmu magicznego. Motywy te są jednak znacznie mniej widoczne w późniejszych utworach Garcíi Márqueza, które mają znacznie bardziej publicystyczny i realistyczny styl.

Gatunkowo Miłość w czasach *cholery* można chyba najlepiej określić jako realizm magiczny-przylegający. Chociaż przesadzone metafory i obrazy, które często graniczą z surrealizmem, są posypane przez całą historię, styl Miłości *w czasach cholery* jest całkowicie odmienny od stylu używanego w jego poprzednich pracach. Zamiast używać literackich obrazów do opisywania namacalnych elementów realnego świata, używa ich do przywoływania niuansów abstrakcyjnego pojęcia miłości, co stawia powieść w bezpośredniej zgodności z zachodnią tradycją literacką sięgającą wieków wstecz.

Intertekstualność powieści jest zresztą być może jedną z jej cech definiujących. Zarówno narrator, jak i sami bohaterowie są świadomi historii literatury, a świadomość ta przejawia się na dwa sposoby:

- poprzez bezpośrednie odniesienia w obrębie powieści do innych autorów, w tym Marcela Prousta (s. 114) i Josepha Conrada (s. 320), oraz do hiszpańskiego Złotego Wieku (s. 75);

- poprzez kilkukrotne wykorzystanie motywów romantycznych, takich jak latarnia morska i podróże, a w szczególności poprzez wykorzystanie motywów związanych z tradycją miłości dworskiej, takich jak obietnice, dawanie w prezencie pukli włosów, wymiana listów, idealizowanie obiektu swoich uczuć.

W rzeczywistości powieść działa jako rodzaj katalogu różnych rodzajów miłości poprzez sposób, w jaki pokazuje różne historyczne i literackie formy miłości, a także zastanawia się nad tym, jak czynniki zewnętrzne, takie jak wiek i czas, mogą zmienić naturę miłości.

Język i struktura

Powieść podzielona jest na sześć rozdziałów, a jej struktura charakteryzuje się jedną z najczęściej powtarzających się cech pisarstwa Garcíi Márqueza: zastosowaniem nielinearnej linii czasu. Akcja *Miłości w czasach cholery* rozgrywa się w konkretnym miejscu (Cartagena, Kolumbia) i okresie (obejmującym nieco ponad pół wieku), ale narrator nieustannie przeskakuje między przeszłością, teraźniejszością i przyszłością oraz między różnymi obszarami, które zamieszkują bohaterowie. Ta technika pozwala opowiedzieć historię Florentino i Ferminy w taki sposób, że ich życie przed spotkaniem jest wspomnieniem, a jednocześnie pokazuje, jak ich związek rozwija się w starszym wieku.

Książka napisana jest w trzeciej osobie, ale narrator stale zagłębia się w myśli i uczucia bohaterów, dzięki czemu możliwe są powieściowe skoki w czasie. Narrator nie jest jednak wszechwiedzący, gdyż jest związany z działaniami bohaterów.

Podobnie narracja ma charakter niemal filmowy, gdyż narrator podąża za bohaterami jak kamera, a także dostarcza szczegółowych opisów ich otoczenia i środowiska. Tworzy to polifoniczną narrację, w której głosy bohaterów mogą być łatwo zagłuszone przez otoczenie. Jeden z przykładów tej polifonii można dostrzec, gdy Fermina odwiedza targ: "Zatopiła się w gorącym ścisku chłopców od czyszczenia butów i sprzedawców ptaków, handlarzy tanich książek i szamanów oraz sprzedawców słodyczy, którzy krzyczeli ponad gwarem tłumu; ananas sweeties for your sweetie, coconut candy is dandy, brown-sugar loaf for your sugar" (s. 101).

Wreszcie, powieść ukazuje również charakterystyczny styl pisania Garcíi Márqueza. Pomimo kariery dziennikarskiej, twórczość pisarza charakteryzuje się stosowaniem niezwykle długich zdań i akapitów, które często oddzielone są przecinkami zamiast kropek i w których występuje duża ilość przymiotników i aliteracji. Nadaje to jego twórczości liryczną jakość, która podkreśla opis nad akcją i tworzy intensywnie wizualny styl narracji.

TEMATYKA

Jak już zostało wspomniane, miłość jest kluczowym tematem *Miłości w czasach cholery*, a powieść prezentuje szereg różnych sposobów, na jakie można postrzegać i rozumieć to złożone pojęcie, z których najważniejsze analizowane są na kolejnych stronach.

Miłość jako choroba

Miłość jako choroba to jeden z najstarszych motywów w literaturze zachodniej, którego początki sięgają starożytnej Grecji. Jeden z najwcześniejszych godnych uwagi przykładów tej metafory można znaleźć w sztuce Eurypidesa (grecki tragediopisarz, ok. 480-406 p.n.e.) *Hippolytus* (428 p.n.e.). W utworach tych miłość postrzegana jest jako choroba, ponieważ potrafi zniekształcać rzeczywistość: ukochana zawsze staje się piękniejsza w oczach zalotnika, a zakochani tracą rozum i pogrążają się w udręce. Taka koncepcja miłości spopularyzowała również pogląd, że miłość jest pasją, czyli procesem powodującym cierpienie.

W przypadku tej konkretnej powieści, porównanie między miłością a chorobą nie mogłoby być bardziej wyraźne, ponieważ obie są wymienione w samym tytule! Miłość i cholera są porównywane nieustannie w całej powieści, szczególnie przez postać Florentino, którego objawy choroby serca są podobne do objawów cholery: "Ale jego badanie ujawniło, że nie miał gorączki, nie miał nigdzie bólu, a jego jedynym konkretnym uczuciem było pilne pragnienie śmierci. Wystarczyło tylko bystre pytanie, [...] by po raz kolejny stwierdzić, że objawy miłości były takie same jak objawy cholery" (s. 62).

Metafora ta może być rozszerzana i interpretowana na wiele sposobów; może na przykład prowadzić do założenia, że jeśli miłość jest chorobą, to nikt nie ma kontroli nad tym, w kim się zakochuje i jak ta miłość się rozwija. Jak cholera w dwudziestowiecznej Kolumbii, miłość jest epidemią, której nie da się wyleczyć. Na samym początku powieści Juvenal stoi nad martwym ciałem Jeremiasza de Saint-Amour i zastanawia się, że "spośród niezliczonych samobójstw, które mógł pamiętać, to było pierwsze z cyjankiem, które nie było spowodowane cierpieniami z powodu miłości" (s. 5).

Miłość dworska

W całej powieści pojęcie miłości jest eksplorowane na wiele sposobów, od rozważań narratora i bohaterów po intertekstualne odniesienia. Jednym z tych punktów odniesienia, być może najbardziej oczywistym i często powtarzanym, jest miłość dworska. Ta koncepcja literacka, kojarzona najczęściej z literaturą średniowieczną, przedstawia miłość jako szlachetną, czystą i rycerską. Miłość dworska rzadko jest konsumowana w sensie fizycznym i zwykle uważa się ją za bardziej abstrakcyjną i wyidealizowaną niż materialną. Krytycy porównywali dworskie romanse do związków opartych na fealty, w których mężczyzna podporządkowuje się woli kobiety.

Tradycja miłości dworskiej określała szereg kroków, które para musiała wykonać, w tym wysyłanie sobie listów, wymianę prezentów i obietnic oraz dokonywanie heroicznych czynów. W powieści, wczesny etap związku Florentino Arizy i Ferminy Daza zawiera wiele z tych kroków; w rzeczywistości ich związek zaczyna się i jest podtrzymywany przez listy, które wymieniają. Dają sobie nawet pukiel swoich włosów, co jest chyba najbardziej kwintesencją wszystkich wyznaczników dworskiej miłości: "To on, nie ona, miał czelność załączyć w jednym liście pukiel swoich włosów, ale nigdy nie otrzymał odpowiedzi, za którą tęsknił, czyli całego pasma warkocza Ferminy Dazy" (s. 69).

Sposób przedstawienia tych punktów odniesienia jest dwojaki. Po pierwsze, koncepcja miłości Florentino opiera się na połączeniu tradycji literackich, co wydaje się niemal nie na miejscu, zwłaszcza w jego młodości. Jest pochłonięty językiem, retoryką i poezją miłości, a samo uczucie uważa za doświadczenie transcendentne. Druga strona medalu to Fermina, która z biegiem lat staje się coraz bardziej pragmatyczna i racjonalna, a swoje wyobrażenie o miłości opiera na najbardziej przyziemnych jej przejawach, takich jak codzienne realia wspólnego mieszkania. W ten sposób każda z nich pojmuje miłość w sposób, który stanowi folię dla perspektywy drugiej.

Motywy romantyczne

Intertekstualność w tej powieści nie ogranicza się do odniesień do miłości dworskiej: jest ona również pełna motywów romantycznych.

 # ROMANTYZM

Romantyzm był ruchem artystycznym i kulturowym, który pojawił się w Europie, a później w Ameryce, pod koniec XVIII wieku. Powstał w odpowiedzi na racjonalizm, który dominował w tym czasie w wyniku ruchów takich jak francuskie oświecenie, i opierał się na filozofii życiowej, która wychwalała wartości indywidualizmu, kreatywności i nacjonalizmu, a także kładła duży nacisk na sztukę i folklor. Choć romantyzm idealizował szeroki wachlarz wartości i emocji, zwykle najbardziej kojarzony jest z nostalgią i melancholią. W związku z tym w obrębie ruchu wyłoniły się dwa odrębne nurty: powrót do klasycznych form sięgających starożytnej Grecji oraz idealizacja wspomnień i środowisk związanych z dzieciństwem. Pisarze romantyczni płynęli pod prąd, ponieważ ich logika, estetyka i sposób interakcji z rzeczywistością były nietypowe dla czasów, w których żyli, przez co wielu pisarzy miało poczucie, że urodzili się w niewłaściwej epoce.

Romantyzm charakteryzował się również powtarzającym się wykorzystywaniem pewnych motywów literackich: podróży, romantycznej namiętności, nostalgii, melancholii, *locus amoenus* (miejsca idyllicznego), surowej siły natury, idealizmu itd.

Do najbardziej wpływowych pisarzy romantycznych należeli między innymi Johann Wolfgang von Goethe (niemiecki pisarz, 1749-1832), Lord Byron (angielski poeta, 1788-1824), William Wordsworth (angielski poeta, 1770-1850), John Keats (angielski poeta, 1795-1821), Mary Shelley (angielska pisarka, 1797-1851) i José de Espronceda (hiszpański poeta, 1808-1842).

Motywy romantyczne pojawiają się w *Miłości w czasach cholery na wiele* sposobów, od wykorzystania klasycznych romantycznych obrazów i bezpośrednich odniesień do klasycznej hiszpańskiej literatury romantycznej po sposób rozwoju bohaterów.

W powieści motywy romantyczne są często wykorzystywane w przedstawieniach przyrody, aby podkreślić dwoistość jej piękna i niszczycielskiej siły. Ponadto otoczenie zamieszkiwane przez bohaterów – zwłaszcza przez Ferminę, przynajmniej w obecności Florentina – jest idylliczne i pozwala przebywającym w nim ludziom na przeżycia graniczące z boskością, co czyni je klasycznymi przykładami tzw. *locus amoenus*. Jednak natura potrafi być także okrutna i bezwzględna, a miłość nic dla niej nie znaczy, o czym świadczą liczne sytuacje, w jakich znajduje się Florentino, np. gdy szuka schronienia w latarni morskiej podczas szalejącej wokół niego burzy czy gdy wędruje w deszczu w poszukiwaniu obrazu Ferminy, które zawsze kończą się jego chorobą.

Ponadto Florentino jest postacią z natury romantyczną: jego koncepcja i doświadczenia miłosne są anachroniczne, ponieważ wydają się należeć raczej do dawno minionych czasów i odległych miejsc niż do jego obecnej rzeczywistości, co wprowadza go w konflikt z innymi postaciami i ze światem, w którym żyje.

Florentino: Don Kichot XX wieku

Podczas gdy charakter Florentino można przypisać jego zasadniczo romantycznemu duchowi, możliwe jest również porównanie go z tytułowym bohaterem *Don Kichota* (1605, 1615), który jest prawdopodobnie najbardziej znaczącą postacią w hiszpańskiej historii literatury. Don Kichot został wymyślony przez hiszpańskiego pisarza Miguela de Cervantesa (1547-1616) i jest niskim rangą szlachcicem żyjącym w regionie La Mancha w XVII-wiecznej Hiszpanii. Spędza czas na pochłanianiu po kolei wszystkich rycerskich powieści w swojej obszernej bibliotece, aż w końcu traci kontrolę nad rzeczywistością i zaczyna wierzyć, że sam jest rycerzem. Od tego momentu nieustannie zniekształca rzeczywistość, by dopasować ją do rycerskiej logiki, którą zaczął się kierować. W rzeczywistości, mylenie faktów z fikcją jest znane jako quixotism, na cześć postaci Cervantesa.

Biorąc to pod uwagę, nie jest wcale bezpodstawne posądzanie Florentino o kiszotyznm. Miłość jest fundamentem, na którym zbudowane jest jego życie, ale nie jest to emocja pochodząca z wnętrza, lecz z historii, a przede wszystkim z literatury: "To one stanowiły pierwotne źródło jego pierwszych listów do Ferminy Dazy, tych na wpół spreparowanych czułości wziętych w całości od hiszpańskich romantyków, i jego listy kontynuowane były w tym duchu, dopóki prawdziwe życie nie zmusiło go do zajęcia się sprawami bardziej przyziemnymi niż ból serca" (s. 75). Niepohamowana miłość Florentino jest produktem jego zapalonej konsumpcji literackiej, dlatego jego uczucia wyrażane są poprzez poezję i retorykę przez prawie całą powieść, oddzielając je od bardziej przyziemnych aspektów miłości, na których skupia się Fermina. Zanim Florentino zakocha się w Ferminie, jest już zauroczony ideą zakochania, a dokładniej ideą zakochania się w sposób, który jest echem poezji, którą tak lubi.

DALSZA REFLEKSJA

KILKA PYTAŃ DO PRZEMYŚLENIA...

- Chociaż miłość jest głównym tematem *Miłości w czasach cholery*, powieść porusza również wiele innych tematów. Czy czyni to w sposób bezpośredni czy pośredni? Jakie metafory, obrazy i odniesienia wykorzystuje powieść, aby je poruszyć?

- Jedną z najważniejszych cech osobowości Ferminy jest jej siła charakteru. Porównaj sposób przedstawienia Ferminy ze sposobem, w jaki inne kobiety są przedstawiane w całej powieści.

- Jak powieść przedstawia kobiety w ogóle?

- W powieści miłość zostaje porównana do choroby, a dokładniej do cholery. Do czego jeszcze powieść porównuje miłość?

- Czy postać Florentino Arizy można porównać do postaci Wertera (z powieści epistolarnej Goethego *Smutki młodego Wertera*, 1774)? Wybierz dwie postacie z innych książek, seriali telewizyjnych lub filmów, które również można by porównać do Florentino i uzasadnij swój wybór.

- Powieść podąża za cykliczną linią czasu, w której na przemian pojawiają się przeszłość, teraźniejszość i przyszłość. W jaki inny sposób powieść ma charakter cykliczny? Czy któraś z postaci ma jakieś powtarzające się cechy?

DALSZE CZYTANIE

WYDANIE REFERENCYJNE

García Márquez, G. (1998) *Miłość w czasach cholery*. Trans. Grossman, E. Delhi: Penguin.

BADANIA REFERENCYJNE

Kemper Columbus, C. (1992) Faint Echoes and Faded Reflections: Love and Justice in the Time of Cholera. *Twentieth Century Literature.* [online]. [dostęp 27 lutego 2018]. Vol. 38 (1), pp. 89-100. Dostępny w: <http://faculty.winthrop.edu/kosterj/engl 618/readings/marquez/columbusFaintEchoesCholera.pdf>.

Monroy Zuluaga, L. (2009) Acercamiento a luchas axiológicas *en El amor en los tiempos del cólera* de Gabriel García Márquez. *Universidad de Tolima.* [Online]. [Dostęp 27 lutego 2018]. Dostępny w: <https://webs.ucm.es/info/especulo/numero40/axioggm.html>.

ZALECANA LEKTURA

Martin, G. (2012) *The Cambridge Introduction to Gabriel García Márquez*. Cambridge: Cambridge University Press. Rozdział 6.

Swanson, P. ed. (2010) *The Cambridge Companion to Gabriel García Márquez*. Cambridge: Cambridge University Press.

ADAPTACJE

Miłość w czasach cholery. (2008) [Film]. Mike Newell. Dir. hiszp: New Line Cinema.

Chcemy usłyszeć od Ciebie, co się dzieje!
Zostaw komentarz na temat swojej internetowej biblioteki
i podziel się swoimi ulubionymi książkami w mediach społecznościowych!

www.50minutes.com

Master ISBN: 9782808694919
Papierowy ISBN: 9782808616317
Depozyt prawny: D/2023/12603/1911

Verhaal: © Primento

Projekt cyfrowy: Primento, cyfrowy partner wydawców.